CALWER HEFTE
zur Förderung biblischen Glaubens
und christlichen Lebens
herausgegeben von Gerhard Hennig

HEFT 126

RAINER MAYER

Friede durch Gewalt?

Zur Frage des politischen Widerstandsrechts

CALWER VERLAG STUTTGART

ISBN 3-7668-0432-4
© 1973 Calwer Verlag Stuttgart
Alle Rechte vorbehalten
Printed in Germany
Abdruck auch auszugsweise, nur mit Genehmigung des Verlags
Fotokopieren nicht gestattet
Herstellung: Druckhaus West GmbH Stuttgart

Inhalt

I	Friedensutopien und Gewalt	S. 7
II	Christlich begründetes Widerstandsrecht?	S. 12
III	Dietrich Bonhoeffer: Pazifistischer Widerstandskämpfer	S. 16
IV	Nachfolge Jesu	S. 19
V	Stellvertretung	S. 21
VI	Ethik des Konflikts	S. 26
VII	Die Einheit der Wirklichkeit	S. 31
VIII	Wider die Prinzipien in der Ethik	S. 36
IX	Zusammenfassung: Thesen zur „politischen Theologie"	S. 41

I Friedensutopien und Gewalt

Gewalt für den Frieden – diese Formel scheint ein Widerspruch in sich selbst zu sein, und doch ist sie nicht absurd. Es erhebt sich vielmehr die bekannte Frage, ob der Zweck die Mittel heiligen könne und ob dies bei Gewaltanwendung für den Frieden der Fall sei. In der Friedensforschung gibt es eine Richtung, die den Frieden durch das „Gleichgewicht des Schreckens", also durch Drohung mit Gewalt, durch potentielle Gewalt, sichern will. Unter den politisch engagierten jungen Leuten beobachten wir solche, die für den Frieden votieren, den Wehrdienst verweigern und doch nicht vor Gewaltanwendung zurückschrecken. Es geht ihnen darum, mit direkter Gewalt gegen die Gewalt der „Unrechtsstrukturen" anzukämpfen. Auf diese Weise soll eine neue Gesellschaftsordnung entstehen, in der Friede herrscht. Unterdrückende Gewalt, so heißt es, könne nur durch befreiende Gewalt beseitigt werden.

Damit ist zugleich eine Begriffserklärung angedeutet, die im folgenden vorausgesetzt bleibt. Wir unterscheiden zwischen *potentieller Gewalt,* d. h. der Drohung mit Gewalt, wie sie z. B. im ost-westlichen atomaren Abschreckungssystem vorliegt; zwischen *struktureller Gewalt,* die durch Unrechtsstrukturen bestimmte Gruppen, Rassen, Klassen oder ganze Völker unterdrückt, wie dies z. B. im Verhältnis der Industrienationen zu den Völkern der Dritten Welt der Fall ist; und *direkter (akuter) Gewalt,* der Zerstörung von Sachwerten, vor allem der Gewaltanwendung gegen Personen.

Gewalt für den Frieden! – das war die Parole aller großen Ideologien und Revolutionen in der Geschichte. Ihr Ziel war ein Friedensreich auf Erden, in dem Freiheit aller Menschen zugleich mit sozialer Gerechtigkeit herrscht. Der Ruf nach revolutionärer Gewalt kann sich also mit pazifistischem Gedankengut verbinden.

Die Begründung im pazifistischen Gedankengut gilt besonders für den Kommunismus. Karl Marx hat als die große Aufgabe der Weltgeschichte die „Emanzipation des Menschen vom Egoismus" bezeichnet, und selbst Lenin sieht in der Gewalt nur das Mittel zum Zweck, wenn er sagt: „Der revolutionäre Geist drückt sich nicht in der Gewalt der Methode aus, sondern darin, daß sich jede Tat des Alltags auf das Ganze bezieht." „Das Ganze" ist natürlich die neue Gesellschaft der Gerechtigkeit und des Friedens. Tatsächlich scheitert aber die großartige Idee des Kommunismus bis heute am Problem der Gewalt. Weil das Friedensreich noch nicht realisiert werden kann und die neue Menschengemeinschaft wegen der Widerstände des Bösen – das vor allem im anderen System und im „Klassenfeind" gesucht wird – noch nicht vollendet ist, muß die Zwischenzeit durch Gewalt überbrückt werden; so lautet die Erklärung. Müßte es aber nicht besser umgekehrt heißen, daß das Friedensreich und die neue Menschengemeinschaft deshalb noch nicht verwirklicht sind, *weil* Gewalt angewendet wird? Gewaltanwendung ist und bleibt der große „Sündenfall" des Kommunismus, sein Problem, mit dem er nicht fertig wird!

Wie steht es im Vergleich dazu mit der Kirche? Auch der christliche Glaube kennt ja jenes Friedensreich, das biblisch „Reich Gottes" genannt wird. Zwar wird sich nach der neutestamentlichen Botschaft dieses Reich nicht rein innerweltlich verwirklichen, auch gibt es keine geradlinige oder dialektisch geschichtliche Entwicklung dorthin, sondern es wird durch Gottes Eingreifen und einen radikalen Bruch, der Aufhebung der alten Welt entstehen. Trotzdem ist dieses Reich Gottes schon jetzt in seinen Anfängen sichtbar. Auf diese Anfänge weist Jesus hin.

Wie Johannes, der Täufer, predigt Jesus das Nahen des Reiches Gottes und fordert die Menschen zur Umkehr auf (Mark 1, 15 par.). Schließlich erklärt er, daß mit ihm selber, in seiner Person, das Friedensreich angebrochen sei (Luk 4, 14 bis 21; 17, 20 f). Dieses Reich Gottes ist nach Jesus – im Gegensatz zu vielfältigen Erwartungen des Judentums – nicht direkt politischer Natur, wenn es auch zweifellos politische Auswirkungen hat. Jesus verkündet – anders als die Zeloten – kein politisch-soziales Programm. „Das Kommen der Gottesherrschaft wird auch nicht durch revolutionäre Aktionen erzwungen, es kommt unerwartet als Gottes Geschenk, so Mk 4, 28 im Gleichnis von der selbstwachsenden Saat: ‚Von selbst (automátā) trägt die Erde Frucht'. Die Zeichen der Herrschaft Gottes bestehen nicht in der Ausbreitung des revolutionären Volkskrieges, sondern in Jesu Predigt und seiner heilenden und helfenden Tat (Lk 11, 20)"[1]. Darin unterscheidet sich Jesus mit seiner Botschaft von seiner Umwelt, in der der Versuch, durch Gewalt eine bessere Zukunft herbeizuzwingen, so wenig etwas Neues war, wie er es heutzutage ist. Jesu Weg ist „der der Gewaltlosigkeit, des persönlichen Appells, der sich primär an das Gewissen des einzelnen richtet, der Weg der geduldigen Überzeugung und der konkreten Lebenshilfe"[2]. „Die großzügige Rechtfertigung revolutionärer Gewalt, mit der heute auch Theologen z. T. gerne kokettieren, ist danach in der Gefahr, sich ‚vom Bösen besiegen' zu lassen. Sie übersieht, daß sie damit den Weg Jesu verleugnet"[3].

Wie der Weg Jesu, so zeichnete sich auch der Weg der ersten Christen durch Gewaltverzicht und Leidensbereitschaft aus. Die Hoffnung auf die baldige Wiederkunft Christi gab Kraft, im Leiden auszuharren. Daß man in der Umwelt die Christen trotz – oder gerade wegen – ihrer Friedensliebe und Leidensbereitschaft als revolutionäres Potential empfand, zeigen die Christenverfolgungen.

Das alles ändert sich seit Konstantin. Die Christen sind nicht mehr unterdrückt in der Minderheit, sondern die Kirche hat selbst Macht. Das Mittelalter, in dem das „christliche Abendland" in der Doppelheit von Staat und Kirche, Kaiser und Papst, politische Realität wurde, brachte die Irrwege der Kreuzzüge, Inquisition und Religionskriege. Als die Kirche Gelegenheit hatte, das Friedensreich Gottes wenigstens teilweise auf Erden sichtbar werden zu lassen, versagte sie an dieser Aufgabe.

So wichtig die Feststellung ist, daß Jesus jede Form von Gewalt abgelehnt hat, so wenig sind damit die Fragen des Verhältnisses der Christen zur Gewalt beantwortet. Vielmehr stellt sich das Problem im Blick auf die Kirchengeschichte erst in seiner ganzen Schärfe: Es scheint so, daß Gewaltlosigkeit nur so lange durchgehalten werden kann – wenn auch unter großen Opfern bis hin zum Opfer des eigenen Lebens –, wie die Vertreter dieses Gedankens in der Minderheit sind und unterdrückt werden. Wenn sie aber selbst zur Macht kommen und Gelegenheit haben, das angestrebte Friedensreich politisch zu verwirklichen, schlägt sich die neu gewonnene Macht in struktureller Gewalt nieder, ja, sie bricht hin und wieder in akute Gewalttaten aus. Dies gilt für den Kommunismus, der allerdings von vornherein durch revolutionäre Gewalt zur Herrschaft kommen will, scheint aber auch auf das Christentum zuzutreffen, das auf Gewalt verzichten möchte.

Damit ist das sozialethische Problem gekennzeichnet, mit dem wir uns hier auseinandersetzen wollen: *Sobald Christen Sozialstrukturen nicht nur erleiden, sondern selbst gestalten und mitbestimmen, verfestigt sich ursprünglich lebendiges*

Glaubensgut in diesen Strukturen oft genug zu Gesetz, Zwang und Gewalt. Dies ist z. B. der Fall, wenn eine christliche Erkenntnis, die zum Guten des Menschen dient, aber eben eine *christliche* Erkenntnis ist (z. B. die Unauflöslichkeit der Ehe) Staatsgesetz wird und damit auch für Nichtchristen absolute Gültigkeit gewinnt (etwa durch das Verbot der Ehescheidung). *Das Thema „Friede durch Gewalt?" gewinnt seine letzte Schärfe: Läßt sich eine universale Friedensordnung überhaupt mit Gewaltlosigkeit verbinden*[4]?

II Christlich begründetes Widerstandsrecht?

Die Frage nach dem Verhältnis von Friede und Gewalt ergibt sich in umgekehrter Form beim Problem des Widerstandsrechts. Ein Christ kann Unrecht ertragen, den Feind lieben, vergeben so lange er selbst Gewalt leidet. Was aber ist seine Aufgabe, wenn er sieht, daß *einem anderen* Unrecht zugefügt wird? Muß er hier eingreifen, notfalls unter Gewaltanwendung? Es gibt eine einfache Formel zur Lösung dieses Konflikts. Sie lautet: Gewaltverzicht bei Selbstverteidigung, aber Gewaltanwendung bei Verteidigung anderer. Luther hat bekanntlich auf diese Weise das Problem des Kriegsdienstes für Christen zu lösen versucht. Zwar ist diese Formel zunächst bestechend, aber doch zu einfach, um den heutigen Verhältnissen gerecht zu werden. Man denke daran, daß ein Krieg – „Verteidigung anderer" – zur Vernichtung der ganzen Menschheit führen kann. Verteidige ich im Kriege wirklich andere, oder nicht doch vor allem mich selbst?
Bei der Unterstützung von revolutionären Befreiungsbewegungen, die Gewalt anwenden, stellt sich das Problem ähnlich. Wenn man berücksichtigt, daß Gewalt Gegengewalt hervorruft und zu einer Eskalation des Schreckens führt, kann man daran zweifeln, daß Gewaltanwendung ein Ausdruck der Nächstenliebe sein kann und daß durch akute Gewalt strukturelle Gewalt beseitigt werden kann.
Die Kirche steht bei diesen Fragen vor schweren Entscheidungen. Man wirft ihr ja bis heute vor, sie unterstütze mit dem Prinzip der Gewaltlosigkeit lediglich die jeweils Herrschenden, sie stabilisiere Unrechtspositionen. Gegen diesen Vorwurf sucht die Kirche sich in neuerer Zeit abzugrenzen. Dies wird z. B. an der Vorgeschichte des Anti-Rassismus-

Programmes des Ökumenischen Rates der Kirchen ersichtlich. Bei der II. Vollversammlung von Evanston 1954 hieß es noch im Hauptbericht: „Wir halten es nicht mit denen, die da meinen, sie könnten selbst eine vollkommene soziale Ordnung zustande bringen, wenn nötig durch Anwendung von Terror und die Betäubung des Einzelgewissens"[5]. Als äußerste Möglichkeit wird passiver Widerstand anerkannt. Auch die III. Vollversammlung des Ökumenischen Rates 1961 in Neu-Delhi bekannte sich – in Erinnerung an Gandhi? – klar zur Gewaltlosigkeit. In der „Entschließung zur Frage der rassischen und ethnischen Beziehungen" heißt es: Die Konferenz „nimmt dankbar zur Kenntnis ... den Mut und Opferwillen von einzelnen und Gruppen, Christen wie Nichtchristen, die im Ringen um die Menschenrechte trotz aller Kräfte, die auf Gewaltanwendung dringen, im Geist der Vergebung und der Gewaltlosigkeit die Führung übernehmen"[6].

Auf der „Weltkonferenz für Kirche und Gesellschaft" 1966 in Genf bahnte sich dann eine Wende an, die auf der IV. Vollversammlung 1968 in Uppsala voll zur Geltung kam. Der Bericht von Sektion II in Genf 1966 konstatiert: „Es kann nicht erklärt werden, daß Gewaltlosigkeit die einzig mögliche Position für Christen ist. Es gibt Situationen, in denen Christen zur Gewaltanwendung getrieben werden könnten. Wann immer jedoch Gewalt angewandt wird, muß sie als ‚letzte Möglichkeit' betrachtet werden, die nur in außergewöhnlichen Situationen gerechtfertigt ist"[7].

In Uppsala wird die „außergewöhnliche Situation", die Gewalt rechtfertigt, konkret bezeichnet – allerdings in einem Bedingungssatz: „Wenn das relative Wirtschaftswachstum in den Entwicklungsländern sich nicht durch kräftige internationale Aktionen beschleunigt, scheinen Ausbrüche von

Aufruhr in weltweitem Maßstab unvermeidlich. Es wird Christen geben, die dann an der Beseitigung oder Verminderung wirtschaftlicher Ungerechtigkeit mit friedlichen Mitteln verzweifeln und sich verpflichtet fühlen, die Zuflucht zur Gewalt als letzten Ausweg zu akzeptieren"[8]. Zwar heißt es wiederum, daß „um den Kreis zu sprengen, in dem Gewalt neue Gewalt gebiert"[9], „gewaltlose Maßnahmen zugunsten des Wandels besonders beachtet"[10] werden sollen, doch ist nun ein deutliches Wort gesprochen: Christen „können sich verpflichtet fühlen, die Zuflucht zur Gewalt als letzten Ausweg zu akzeptieren".

Den vorläufigen Abschluß dieser Entwicklung bildet der umstrittene, aber einstimmig am 2. September 1970 in Arnoldshain gefaßte Entschluß des Exekutivausschusses, als sichtbares Zeichen der Solidarität mit Organisationen, die gegen den Rassismus kämpfen, auch solchen Organisationen eine finanzielle Unterstützung zuzuwenden, die in ihrem Kampf um wirtschaftliche, soziale und politische Gerechtigkeit Gewaltanwendung nicht ausschließen.

Nach diesen politischen Entscheidungen kann niemand mehr der Kirche unterstellen, sie propagiere Gewaltlosigkeit zugunsten der Herrschenden. Es ergeben sich aber um so mehr neue Probleme: Wer soll den tödlichen Zirkel von Gewalt und Gegengewalt durchbrechen, wenn auch Christen zur Gewalt greifen? Gibt es irgendwelche Kriterien dafür, die eine Lage objektiv als so aussichtslos erscheinen lassen, daß Gewaltanwendung unausweichlich ist? Den Mitgliedern der Baader-Meinhof-Bande z. B. muß man zweifellos konzedieren, daß sie „an der Beseitigung oder Verminderung wirtschaftlicher Ungerechtigkeit mit friedlichen Mitteln verzweifeln und sich verpflichtet fühlen, die Zuflucht zur Gewalt als letzten Ausweg zu akzeptieren". Dennoch werden die Väter von Uppsala die Taten der Baader-Meinhof-Bande wohl kaum gemeint haben und ganz sicher nicht decken wollen. Es genügt also nicht, Gewaltanwendung bei „Ausweglosigkeit der Lage" zu rechtfertigen, denn was „Ausweglosigkeit" ist, wird je nach subjektivem Empfinden und nach dem angestrebten Ziel sehr verschieden sein.

Um eine gültige Antwort auf die Frage zu gewinnen, ob Gewaltanwendung im Sinne des Friedens und für den Frieden möglich sei, kommt es darauf an, theologische Kriterien zu finden. Zu diesem Zweck wollen wir uns den Gedanken und Erfahrungen eines Widerstandskämpfers zuwenden, der seine Entscheidungen sowohl theologisch durchdacht als auch existentiell verantwortet hat. Dies geschieht weder aus abstraktem historischen Interesse noch aus isoliertem Interesse an dieser Person. Eine vergangene Situation und abgeschlossene Handlung hat jedoch gegenüber der Gegenwart größere Eindeutigkeit, exemplarischen Charakter. Wir wollen darum versuchen, durch Dietrich Bonhoeffers Leben und Denken theologische Kriterien zu gewinnen, die auch in unserer Gegenwart für den Konflikt zwischen Gewalt und Gewaltlosigkeit Orientierungshilfen sein können.

III Dietrich Bonhoeffer: Pazifistischer Widerstandskämpfer

Bonhoeffers Leben scheint, formal betrachtet, widersprüchlich verlaufen zu sein[11]. Als Tübinger Verbindungsstudent nimmt Bonhoeffer an Übungen der „Schwarzen Reichswehr" teil, jener illegalen militärischen Ausbildung von Freiwilligen, die unter Anleitung des Hunderttausend-Mann-Heeres der Weimarer Republik durchgeführt wurden. Als Vikar in Barcelona ist er angesichts der Forderung zur Gewaltlosigkeit in der Bergpredigt der Meinung: „Es ist das größte Mißverständnis, wenn man die Gebote der Bergpredigt etwa selbst wieder zum Gesetz macht, indem man sie wörtlich auf die Gegenwart bezieht. Das ist nicht nur sinnlos, weil undurchführbar, sondern erst recht gegen den Geist Christi, der die Freiheit vom Gesetz brachte"[12]. „Der Pazifismus wird abgelehnt"[13].

Zwei Jahre später, 1931, vollzieht sich jene Wende in Bonhoeffers Leben, die E. Bethge in der Biographie als die „Wendung vom Theologen zum Christen" bezeichnet hat. Bonhoeffer tritt von nun an für den christlichen Pazifismus ein. In einem Brief aus Finkenwalde (1936) schreibt Bonhoeffer selbst über diese Wandlung: „Der christliche Pazifismus, den ich noch kurz vorher ... leidenschaftlich bekämpft hatte, ging mir auf einmal als Selbstverständlichkeit auf"[14], und in bezug auf die Bergpredigt heißt es jetzt: „Der eigentliche Kampf ... muß einfach ein glaubendes Erleiden sein und dann, dann vielleicht wird sich Gott wieder zu seiner Kirche mit seinem Wort bekennen"[15].

Seit 1938 nimmt der Pazifist Bonhoeffer in wachsendem Maße an der Verschwörung gegen Hitler teil. Er, der sich Gandhis Gebot „vernichte kein Leben; leiden ist besser denn

mit Gewalt leben" zu eigen gemacht hatte, plant den Tyrannenmord. Wie läßt sich das miteinander vereinbaren?
Es ist viel über „Brüche" oder „Wendungen" und „theologische Wandlungen in Bonhoeffers Leben gesprochen worden. Tatsächlich gibt es aber nur eine einzige Wendung in Bonhoeffers Leben, und das ist jene Wandlung von 1931, die u. a. auch aus dem Befürworter des Kriegsdienstes einen Pazifisten machte. Diese Wandlung hat nichts mit direkten politischen Entscheidungen, etwa der Auseinandersetzung mit dem aufkommenden Nationalsozialismus zu tun, sondern sie beruht allein auf theologischen Motiven! Die politische Entwicklung bestärkte Bonhoeffer lediglich nachträglich darin, daß seine Entscheidung richtig gewesen war. Dies alles bestätigt Bonhoeffer selbst in einem Brief vom 27. 1. 36 aus Finkenwalde: „Dann kam etwas anderes, etwas, was mein Leben bis heute verändert und herumgeworfen hat. Ich kam zum ersten Mal zur Bibel... Ich hatte schon oft gepredigt, ich hatte schon viel von der Kirche gesehen, darüber geredet und gepredigt – und ich war noch kein Christ geworden... Ich weiß, ich habe damals aus der Sache Jesu Christi einen Vorteil für mich selbst gemacht... Ich hatte auch nie, oder doch sehr wenig gebetet. Ich war bei aller Verlassenheit ganz froh an mir selbst. Daraus hat mich die Bibel befreit und insbesondere die Bergpredigt... Das war eine große Befreiung... Dann kam die Not von 1933. Das hat mich darin bestärkt... Der christliche Pazifismus, den ich noch kurz vorher (d. h. vor 1931)... leidenschaftlich bekämpft hatte, ging mir auf einmal als Selbstverständlichkeit auf"[16].
Wenn es nun eine weitere Wende in Bonhoeffers Leben gäbe und er sich nach und nach vom Pazifismus wieder abgewandt und zum Widerstandskämpfer entwickelt hätte, dann wären

sein Leben und seine Theologie für die hier verhandelte Frage nach dem Verhältnis von Pazifismus und Widerstandsrecht wenig interessant. Es würde lediglich bestätigt, daß sich Pazifismus und gewaltsamer Widerstand nicht vereinbaren lassen. *Tatsächlich aber war Bonhoeffer Pazifist und Widerstandskämpfer z u g l e i c h, er war als Widerstandskämpfer Pazifist und als Pazifist Widerstandskämpfer.* Wie diese Verbindung möglich war und auf welche Weise der Pazifismus den Widerstand und der Widerstand den Pazifismus prägt, soll im folgenden gezeigt werden.

IV Nachfolge Jesu

Für Bonhoeffers Wendung zum Pazifismus hat die Auseinandersetzung mit der Bergpredigt ganz wesentliche Bedeutung. Bonhoeffer wollte die Bergpredigt wieder ernst nehmen – ohne alle entschärfenden Interpretationsversuche. Es gibt keinen Kompromiß zwischen Gewaltlosigkeit und Gewalt, sondern nur den Weg des Gewaltverzichts und der Leidensbereitschaft in der Nachfolge Jesu. Aus dem Geist der Bergpredigt heraus ist das Buch „Nachfolge" geschrieben, das zum großen Teil eine Auslegung der Bergpredigt ist. Nachfolge Jesu ist kein Programm, sondern etwas ganz Einfaches, Schlichtes: „Was wird über den Inhalt der Nachfolge gesagt? Folge mir nach, laufe hinter mir her! Das ist alles. Hinter ihm herlaufen, das ist etwas schlechthin Inhaltloses"[17]. Nachfolge heißt, in jedem Augenblick auf Jesus hören, ihn nachahmen, handeln wie er gehandelt hat. Daraus ergibt sich eine ganz einfache Lösung für das Problem der Gewalt: Ein Christ wendet nie Gewalt an, er ist vielmehr bereit zu leiden. Bonhoeffer ringt in der „Nachfolge" darum, daß die Kirche auf diesen einfachen Weg finde: zum Gewaltverzicht und vor allem zur Leidensbereitschaft. *Pazifismus wird für Bonhoeffer zur Selbstverständlichkeit. Damit verbindet sich nach innen – gegenüber dem Hitlerregime – die Haltung des p a s s i v e n Widerstandes.* An der Konspiration gegen Hitler hat Bonhoeffer bisher noch nicht teilgenommen. Die Nachfolge erfordert von den Christen, Jesus-ähnlich, unter Gewaltverzicht und Leidensbereitschaft so etwas wie „Heilige" zu werden.

An dieser Stelle wollen wir die wichtigen Erkenntnisse der „Nachfolge" noch einmal resümieren. Bonhoeffer hat diese grundlegenden Einsichten nämlich später nie mehr preisgegeben. Er hat zwar weiter darauf aufgebaut und ist zu neuen Aussagen gekommen, aber das Fundament bleibt wichtig, um auch das Kommende zu verstehen: Mit der „Nachfolge" sind alle Fragen zum Kriegsdienst und zum Gewaltproblem mit einem Mal beantwortet. Spekulationen um gerechten Krieg, Verteidigungskrieg, Zugehörigkeit zu Volk und Nation, Gehorsam gegen die Obrigkeit – alles Argumente, mit denen man den Kriegsdienst begründen könnte – sind abgetan. Der Christ folgt Jesus nach. In der Nachfolge gibt es keinen Raum für den Krieg. Lieber mit Jesus leiden, als sich verteidigen. „Christen stehen bei Gott in seinem Leiden"[18]. *Der Pazifismus ist für den Christen das „Natürliche"*. Ebenso steht es mit der Gewalt. Es gibt keine Diskussion mehr um das Verhältnis von unterdrückender zu befreiender Gewalt, um Gewaltverzicht bei Selbstverteidigung und Gewaltanwendung bei Verteidigung anderer, um Ausweglosigkeit der Situation und das Versagen anderer Mittel – alles Argumente, mit denen man Gewaltanwendung zu rechtfertigen versuchen könnte. *In der Nachfolge Jesu ist Gewaltverzicht der einzig mögliche Weg für den Christen.*

Während der erste Grundsatz des Pazifismus für Bonhoeffer zeitlebens bestehen bleibt, hat er den zweiten Grundsatz der Gewaltlosigkeit zwar nicht revidiert, aber modifiziert: indem er als Pazifist am gewaltsamen Widerstand teilnahm. Welche Motive leiteten ihn dabei?

V Stellvertretung

Im Tegeler Gefängnis hat Bonhoeffer in einem Brief vom 21. 7. 44 rückblickend über seinen Weg vom passiven zum aktiven Widerstand geschrieben:
„Ich dachte, ich könnte glauben lernen, indem ich selbst so etwas wie ein heiliges Leben zu führen versuchte. Als das Ende dieses Weges schrieb ich wohl die ‚Nachfolge‘. Heute sehe ich die Gefahren dieses Buches, zu dem ich allerdings nach wie vor stehe, deutlich. Später erfuhr ich und ich erfahre es bis zur Stunde, daß man erst in der vollen Diesseitigkeit des Lebens glauben lernt. Wenn man völlig darauf verzichtet hat, aus sich selbst etwas zu machen – sei es einen Heiligen oder einen bekehrten Sünder oder einen Kirchenmann (eine sogenannte priesterliche Gestalt!), einen Gerechten oder Ungerechten, einen Kranken oder einen Gesunden – und dies nenne ich Diesseitigkeit, nämlich in der Fülle der Aufgaben, Fragen, Erfolge und Mißerfolge, Erfahrungen und Ratlosigkeiten leben –, dann wirft man sich Gott ganz in die Arme, dann nimmt man nicht mehr die eigenen Leiden, sondern die Leiden Gottes in der Welt ernst, dann wacht man mit Christus in Gethsemane, und ich denke, das ist Glaube, das ist ‚Metanoia‘ (Buße); und so wird man ein Mensch, ein Christ (vgl. Jerem 45!)"[19].

Die entscheidende theologische Erkenntnis, die Bonhoeffer gegenüber der Periode der „Nachfolge" neu hinzugewonnen hat, ist die, *daß Nachfolge nicht nur Liebe, Leidensbereitschaft und Gewaltverzicht bedeutet, um so wie Jesus ein „Heiliger" zu werden, sondern daß zur Nachfolge auch das Eintreten für die Schuld anderer, Schuldübernahme, Stellvertretung gehört, um – wie Jesus ein Stellvertreter für die Sünden der Menschen war – ein Stellvertreter für schuldig*

Gewordene zu werden. Ein Stellvertreter ist kein Heiliger im herkömmlichen Sinne mehr als einer, der einen Überschuß an guten Werken vorzuweisen hat; nein, ein Stellvertreter nimmt die Schuld anderer nicht nur in Gedanken, sondern tatsächlich auf sich. *Er wird schuldig.* Durch Stellvertretung schuldig zu werden, das bedeutet, die „Leiden Gottes in der Welt" ernst zu nehmen, nur so wird man ein wahrer Mensch (Joh 19, 5), ein Christ. Jetzt heißt es, darauf zu verzichten, irgend etwas aus sich selbst zu machen, „sei es einen Heiligen oder einen bekehrten Sünder oder einen Kirchenmann". Aus diesem Grunde wird die Gestalt Gandhis, die auf Bonhoeffer in früheren Jahren so ungeheure Anziehungskraft ausübte, für ihn jetzt uninteressant. Gandhi war ein Heiliger, aber kein Stellvertreter.
Biographisch fällt für Bonhoeffer die Wandlung vom „Heiligen" zum „Stellvertreter" wohl mit jenem Ereignis zusammen, das auch schicksalsmäßig als Wendepunkt in seinem Leben angesehen werden muß. 1939 hatten Reinhold Niebuhr und andere amerikanische Freunde für ihn eine Gastprofessur und eine Stelle als Pastor der Flüchtlingsbetreuung in den USA beschafft. Bonhoeffer reiste in die USA und hätte, wenn er dort geblieben wäre, die Schwierigkeiten in Deutschland samt den Fragen des Krieges und der Kriegsdienstverweigerung hinter sich lassen können. Aber er kehrte schon nach einem Monat zurück. Über London erreichte er Berlin am 27. Juli 1939. Am 1. September brach der Krieg aus. Seine amerikanischen Freunde, die so viel für ihn getan hatten, enttäuschte er damit sehr. Aber er wollte teilhaben an Deutschlands Geschick, an Deutschlands Schuld und Hoffnung. An Reinhold Niebuhr schrieb er in jenen Tagen schwerer innerer Kämpfe, von denen das „Tagebuch der Amerikareise" ein erschütterndes Zeugnis

gibt: „Ich werde kein Recht haben, an der Wiederherstellung des christlichen Lebens nach dem Kriege in Deutschland mitzuwirken, wenn ich nicht die Prüfungen dieser Zeit mit meinem Volke teile ... Die Christen in Deutschland stehen vor der fürchterlichen Alternative, entweder in die Niederlage ihrer Nation einzuwilligen, damit die christliche Zivilisation weiterleben könne, oder in den Sieg und dabei unsere Zivilisation zu zerstören. Ich weiß, welche dieser Alternativen ich zu wählen habe; aber ich kann diese Wahl nicht treffen, während ich in Sicherheit bin"[20].

All diese Gedanken und Motive hat Bonhoeffer theologisch verarbeitet unter den Stichworten „Stellvertretung" und „Schuldübernahme". Er schreibt dazu in der „Ethik":

„Weil Jesus ... als der menschgewordene Sohn Gottes stellvertretend für uns gelebt hat, darum ist alles menschliche Leben durch ihn wesentlich stellvertretendes Leben..."[21].

„Das bedeutet zunächst nur dies, daß da Menschen sind, die das Wort von Christus annehmen, glauben, sich gefallen lassen im Unterschied zu anderen, die es nicht annehmen, sondern verwerfen, also daß da Menschen sind, die an sich geschehen lassen, was eigentlich von Gott her an allen Menschen geschehen sollte, Menschen also, die stellvertretend für die anderen Menschen, für die ganze Welt dastehen"[22].

„Stellvertretung und also Verantwortlichkeit gibt es nur in der vollkommenen Hingabe des eigenen Lebens an den anderen Menschen. Nur der Selbstlose lebt verantwortlich, und das heißt, nur der Selbstlose *lebt*"[23]. „Es geht aus dem Gesagten hervor, daß zur Struktur des verantwortlichen Handelns *die Bereitschaft zur Schuldübernahme und die Freiheit gehört*"[24].

„Jesus will nicht auf Kosten der Menschen als der einzig Vollkommene gelten, will nicht als der einzig Schuldlose auf die unter ihrer Schuld zugrundegehende Menschheit herabsehen, will nicht über den Trümmern einer an ihrer Schuld gescheiterten Menschheit irgendeine Idee eines neuen Menschen triumphieren lassen. Er will sich nicht von der Schuld freisprechen, unter der die Menschen sterben. Eine Liebe, die den Menschen in seiner Schuld allein ließe, hätte nicht den wirklichen Menschen zum Gegenstand. Als im geschichtlichen Dasein der Menschen verantwortlich Handelnder wird Jesus schuldig. Es ist – wohl gemerkt – allein seine Liebe, die ihn schuldig werden läßt. Aus seiner selbstlosen Liebe heraus tritt Jesus in die Schuld der Menschen ein, nimmt sie auf sich. Sündlosigkeit und Schuld gehören in ihm unlösbar zusammen. Als der Sündlose nimmt Jesus die Schuld seiner Brüder auf sich und unter der Last dieser Schuld erweist er sich als der Sündlose. In diesem sündlos-schuldigen Jesus Christus hat nun jedes stellvertretend verantwortliche Handeln seinen Ursprung" [25].

Bonhoeffer hat den Gedanken der Nachfolge Jesu beibehalten, aber es kommt ein neues Merkmal der Nachfolge hinzu: Schuldübernahme und Stellvertretung. Beide Begriffe sind christologisch begründet. Der Christ in der Nachfolge handelt wie Jesus, er nimmt die Schuld anderer Menschen auf sich und tritt für sie ein.

Schuldübernahme und Stellvertretung bedeuten für Bonhoeffer den Schritt vom passiven zum aktiven Widerstand, von pazifistischer Kriegsdienstverweigerung zur Verschwörung gegen Hitler. Die Widerstandsbewegung rechnete damit, daß kein anderer Ausweg blieb, als Hitler zu ermorden. Blut mußte vergossen werden, um weiteres Blutvergießen zu verhindern. Aus Liebe zu seinem Volk tritt Bonhoeffer in dessen Schuld ein, er nimmt sie auf sich. In der Nachfolge Jesu, in der Teilnahme am „Leiden Gottes in der Welt" wird er, obwohl in der Absicht der Schuldübernahme und Stellvertretung sündlos, dennoch schuldig. Hier sind Sündlosigkeit und Schuld in gleicher Weise ernst zu nehmen, eins kann nicht durch das andere weginterpretiert oder abgeschwächt werden, beides muß man nebeneinander gelten lassen; nur so wird man der Größe des Konflikts und den Dimensionen theologischen Denkens gerecht.

VI Ethik des Konflikts

Bonhoeffer war sich dessen bewußt, daß er trotz der guten Absicht seiner Tat schuldig würde, indem er Gewalt mit Gegengewalt bekämpfte. Diesem ethischen Konflikt entsprach auch die äußere Zweideutigkeit seiner Situation. „(Er trat in eine) geplante, die Vergangenheit verantwortende und der Zukunft verantwortliche ‚Verschwörung'. Das hieß: Verschwörung, die ihre Existenz nicht in vorzeitigem Rütteln am Bestehenden voranmelden durfte..., die in der Camouflage und Maskerade auf die Spitze zu treiben war, so daß man besser log als es der Meisterlügner vorgemacht hatte. Das bedeutete, daß fast alle Mitglieder der Konspiration im Falle ihres Überlebens mit Entlastungsverfahren hätten rechnen müssen; die Akten der Ämter, in denen sie nach Schlüsselstellungen sterben mußten, enthalten natürlich Dokumente, mit denen sie ihre unersetzliche Nützlichkeit für Hitlers Kriegsmaschinerie belegen konnten. Nicht nur Parteiabzeichen und Hitlergruß konnten notwendig werden, sondern auch Verbleiben in belastenden Kommandostellen, beim Militär, in der Abwehr, im Auswärtigen Amt, ja sogar in der SS. Dieser Preis war zu zahlen"[26]. Und Bonhoeffer zahlte den Preis! Rückblickend sagt er: „Anfangs beschäftigte mich auch die Frage, ob es wirklich die Sache Christi sei, um derentwillen ich euch allen solchen Kummer zufüge; aber bald schlug ich mir diese Frage als Anfechtung aus dem Kopf und wurde gewiß, daß gerade das Durchstehen eines solchen Grenzfalles mit aller seiner Problematik mein Auftrag sei, und ich wurde darüber ganz froh und bin es bis heute geblieben (1. Petr 2, 20; 3, 14)"[27].

Selbstverständlich ist nicht jedem Christen zugemutet, einen Grenzfall dieser Art durchzustehen. Sonst könnte man auch

nicht mehr von einem „Grenzfall" reden. Die allgemeingültige Erkenntnis jedoch, die Bonhoeffer in seiner Situation gewonnen hat, ist die, daß das Ethische nur dann zum Thema werden darf, wenn ein Konfliktfall vorliegt; bzw. umgekehrt, daß jedesmal, wenn das „Sollen" fragwürdig geworden ist, ein Konflikt die Ursache bildet. In allen anderen Fällen ist das, was getan werden muß, nicht problematisch, sondern selbstverständlich. Im Winter 1942/43 schreibt Bonhoeffer dazu: „Das ethische Phänomen ist inhaltlich wie seiner erlebnismäßigen Seite nach ein Grenzereignis. Das ‚Sollen' gehört seinem Erlebnis nach dorthin, wo etwas *nicht ist,* sei es, weil es nicht sein *kann,* sei es, weil es nicht *gewollt* wird... Erst wo die Gemeinschaft zerbricht oder die Ordnung bedroht ist, meldet sich das Sollen zu Wort, um nach Wiederherstellung der Ordnung wieder zurückzutreten, zu verstummen"[28]. Zwar meint Bonhoeffer, daß jede Gemeinschaft „im eigentlichen Sinn" jederzeit im Zerbrechen ist und sieht darin eine profane Analogie zur Erbsündenlehre, dennoch gilt: „... sowohl in seiner akuten wie in seiner permanenten Gestalt bezeichnet das Sollen nach Gehalt und nach Erlebnis nur eine Grenzsituation, und es bedeutet die innere Auflösung des Sollens, wenn es aus einem Grenzbegriff zu einer pädagogischen Methode gemacht wird... Wo das Sollen als das, was sich von selbst versteht, zum Thema, zur Diskussion gestellt wird, dort wird es allzuleicht den Charakter des Letzten einbüßen und zu einem Vorletzten, zu einer Methode werden.
Nun gibt es unzweifelhaft Situationen und Zeiten, in denen das Moralische sich nicht von selbst versteht, sei es darum, weil es nicht getan wird, sei es, weil es in seinem Inhalt fragwürdig geworden ist. In solchen Zeiten wird das Ethische zum Thema"[29]. *Entsprechend entfaltet Bonhoeffer seine*

ganze „Ethik" als Ethik des Konflikts. Der Konflikt besteht nicht allein darin, daß keine eindeutig „gute" Entscheidung möglich ist, sondern er liegt schon *vor* der Entscheidung in der Situation. Die Situation ist zweideutig geworden. Wenn keine zweideutige Situation vorläge, würde das Ethische nicht zum Thema, außer es sei böser Wille im Spiel, der das moralisch Selbstverständliche verweigert. – Bonhoeffer führt ein Beispiel an: „... ein Kind wird von seinem Lehrer vor der Klasse gefragt, ob es wahr sei, daß sein Vater oft betrunken nach Hause komme? Es ist wahr, aber das Kind verneint es. Es ist durch die Frage des Lehrers in eine Situation gebracht, der es noch nicht gewachsen ist"[30]. An diesem Beispiel exemplifiziert Bonhoeffer dann: „Was heißt: Die Wahrheit sagen?" Der Konflikt liegt darin, daß die Autorität des Lehrers gegen die Autorität der Eltern tritt. Die Gemeinschaftsordnung ist durchbrochen, in diesem Fall durch die Schuld des Lehrers. Nun wird das Ethische zum Thema. Das Kind lügt – formal gesprochen –, es wird sündlos-schuldig; dies aber nicht aufgrund eigenen Versagens oder bösen Willens, sondern aufgrund der gespaltenen Situation.

Stellt man christliche Ethik in dieser Weise als Ethik des Konflikts dar, so ergeben sich daraus drei wesentliche Konsequenzen:

1. Die Wirklichkeitsgemäßheit der Ethik: Ethik kann nun nicht mehr als abstrakte Theorie im luftleeren Raum betrieben werden. Es gibt keine „christlichen Prinzipien", die uns Christus hinterlassen hätte, nach denen alle Welt gestaltet werden müßte. Wer in der Bibel nach solchen Prinzipien sucht, wird enttäuscht. Das Evangelium proklamiert kein politisches Programm wie „Sklavenbefreiung" oder „Gleichberechtigung", es proklamiert keine bestimmte Gesellschaftsordnung. Es ist menschlich, sich Schlüsselideen zu wünschen, die alles Unbekannte erklären, alle Probleme lösen. In diese Rolle wird besonders die Religion gedrängt. Aber der christliche Glaube kann sich selbst nicht so verstehen. Dennoch ist das Evangelium nicht gesellschaftlich neutral; anstelle eines Programms steht vielmehr die Nachfolge Jesu. Jesus rief Menschen in seine Nachfolge, die „in der Fülle der Aufgaben, Fragen, Erfolge und Mißerfolge, Erfahrungen und Ratlosigkeiten leben" [31] und *in diesen konkreten Situationen in Verantwortung vor Gott ihre Entscheidung treffen. Christliche Ethik gibt es nicht „an sich", sondern nur im Vollzug.*

2. *Die Ablehnung der Kategorie des „Guten" als eines abstrakten Begriffs:* Im Konflikt gibt es das eindeutig und ein für allemal „Gute" nicht. Überhaupt sind die Fragen: „Wie werde ich gut?" und „Wie tue ich etwas Gutes?" schon falsch gestellt und der Sache unangemessen. Statt dessen ist es nötig, „die ganz andere... Frage nach dem Willen Gottes zu stellen"[32]. *Nicht das Gute an sich, sondern „das Wirklichwerden der Offenbarungswirklichkeit Gottes in Christus unter seinen Geschöpfen"*[33] *ist das Thema christlicher Ethik.*

3. *Die Unmöglichkeit der Rechtfertigung aus Werken:* Das Thema „Gesetz und Evangelium" muß heute in der evangelischen Ethik neu bedacht werden. Die reformatorische Erkenntnis, daß es keine Werke gibt, die „gut an sich" sind, scheint in Vergessenheit zu geraten. Selbst unter Theologen hört man häufig die Ansicht, daß der, der unter Abwägung aller Umstände verantwortlich entscheide, „gut" handle. Hier liegt auch der Fehler der Situationsethik. Nicht, daß man bei der ethischen Entscheidung der Situation gerecht werden will und als ethisches Prinzip allein die Liebe gelten läßt, ist falsch, sondern daß man meint, es sei grundsätzlich

eine eindeutige Entscheidung im Sinne der Liebe möglich. Damit wird die Liebe geradezu zum Mittel der Selbstrechtfertigung. Ebenso können selbstverständlich die Prinzipien einer abstrakten Normethik zur Selbstrechtfertigung dienen. *Nicht, wie meine Taten vollkommen und „gut" werden, ist Thema christlicher Ethik, sondern wie sie in Verantwortung vor Gott geschehen.*

Bonhoeffers Stärke bestand darin, daß er den Konflikt seiner Situation aushielt, die Zweideutigkeit des gewaltsamen Widerstandes nicht leugnete und seine Handlung nicht als „gut" zu deklarieren versuchte. Er wollte kein „Heiliger" sein, sondern wurde „Stellvertreter", der „seinen" Grenzfall durchstand in dem Wissen, daß die Schuld zu bestreiten, nur Gesetzlichkeit und Selbstgerechtigkeit wäre[34]. Wie aber findet man den Weg zwischen skrupelhafter Gesetzlichkeit und skrupelloser Gesetzlosigkeit, den Bonhoeffer offenbar gegangen ist, ohne vom Zwiespalt der Situation aufgerieben und im Konflikt des eigenen Gewissens zerrissen zu werden?

VII Die Einheit der Wirklichkeit

Ein Christ ist nach Aussage Bonhoeffers genau das Gegenteil eines gespaltenen Menschen, des „Mannes mit den zwei Seelen" (Jak 1, 7), der sich in ständigen Konflikten aufreibt[35], er ist das Gegenbild zum Pharisäer, der unablässig um den richtigen Weg ringt. Der Christ lebt in der Einheit der Wirklichkeit, er hat zur Einfalt zurückgefunden. Diese Einfalt darf nicht mit Naivität verwechselt werden, sie ist auch nicht psychologisch zu verstehen. „Psychologisch gesehen kann der in der Nachfolge Jesu einfältig und frei Gewordene ein Mensch sehr komplizierter Reflexion sein, wie es umgekehrt eine psychische Einfalt gibt, die mit der Einfalt des mit Gott versöhnten Lebens nichts zu tun hat"[36]. Bei der christlichen Einfalt geht es nicht um die Trennung von Wissen und Tun, sondern um die Einheit von Sein und Handeln. Die Einfalt des neuen Lebens schließt das bewußte Prüfen, „was der Wille Gottes sei", nicht aus, sondern ein (Röm 2, 18; 12, 2; Phil 1, 9 f; Eph 5, 9 ff). „Verstand, Erkenntnisvermögen, aufmerksame Wahrnehmung des Gegebenen treten hier in lebhafte Aktion"[37]. Und dennoch ist dieses Prüfen nicht *allein* aufgrund des Verstandes möglich, sondern „auf Grund einer ,Erneuerung' des Sinnes (Röm 12, 2), auf Grund eines Wandels als Kinder des Lichts (Eph 5, 9)"[38].

Für die ethische Entscheidung heißt das konkret: In einer Situation, in der das Ethische zum Thema geworden ist, die zweideutig und gespalten ist, weil sie zur gefallenen „Welt der Konflikte"[39] gehört, prüft der Christ nach genauer Kenntnisnahme der Situation mit Hilfe aller ihm zur Verfügung stehenden rationalen Mittel und unter der Frage nach dem Willen Gottes, was zu tun sei. Dann entscheidet er sich und handelt. Er handelt frei von Bedenken und Skrupeln. Zwar weiß er, daß sein Handeln unvollkommen ist, er weiß aber auch, daß es eingeschlossen ist in Gottes Barmherzigkeit. *Nun rechtfertigt ihn nicht seine Tat, sondern Gott.* Die Gespaltenheit der Situation ist damit nicht beseitigt, aber überwunden. Das Gewissen ist frei. Und selbst, wenn die Entscheidung falsch gewesen sein sollte, kann sie das Gewissen nachträglich nicht mehr belasten. Im übrigen glaubt der Christ an das „Walten Gottes in der Geschichte", daran, daß Gott auch aus falschen Entscheidungen, „aus allem, auch aus dem Bösesten, Gutes entstehen lassen kann und will". Dafür braucht Gott Menschen, die sich alle Dinge „zum Besten dienen lassen"[40].

In diesen Kategorien hat Bonhoeffer gedacht, als er sich zum gewaltsamen Widerstand entschloß. Bei der großen „Maskerade des Bösen" im Nationalsozialismus, als „das Böse in der Gestalt des Lichts, der Wohltat, des geschichtlich Notwendigen, des sozial Gerechten"[41] erschien, versagten die herkömmlichen ethischen Maßstäbe vor der zweideutigen Wirklichkeit. Aus der Erfahrung der Widerstandsbewegung stellt Bonhoeffer fest: Es versagen der „Vernünftige", der ethische Fanatiker und der „Mann des Gewissens", und sowohl blinde Pflichterfüllung als auch private Tugendhaftigkeit eröffnen keinen Ausweg mehr. „Wer hält stand? Allein der, dem nicht seine Vernunft, sein Prinzip, sein Gewissen, seine Freiheit, seine Tugend der letzte Maßstab ist, sondern der dies alles zu opfern bereit ist, wenn er im Glauben und in alleiniger Bindung an Gott zu gehorsamer und verantwortlicher Tat gerufen ist, der Verantwortliche, dessen Leben nichts sein will als eine Antwort auf Gottes Frage und Ruf"[42].

Christliche Ethik beschreibt den Weg aus der gespaltenen

"Welt der Konflikte" *hin zur Einheit der Wirklichkeit. Der erste Schritt auf diesem Weg ist die Tat in genauer Kenntnis der Situation und nach Prüfung des Gotteswillens.* Bonhoeffer bezeichnet eine solche Tat als „Station auf dem Wege zur Freiheit":
„Nicht das Beliebige, sondern das Rechte tun und wagen,
nicht im Möglichen schweben, das Wirkliche tapfer ergreifen,
nicht in der Flucht der Gedanken, allein in der Tat ist die
Freiheit.
Tritt aus ängstlichem Zögern heraus in den Sturm des
Geschehens,
nur von Gottes Gebot und deinem Glauben getragen,
und die Freiheit wird deinen Geist jauchzend empfangen"[43].
Der zweite Schritt auf dem Weg zur Einheit der Wirklichkeit ist das Wissen um die Unvollkommenheit der Tat und das Vertrauen, daß diese Unvollkommenheit in Gottes Vergebung aufgehoben ist. Auch der „Mann der Tat" könnte von Gewissensskrupeln gepeinigt werden, ob seine Entscheidungen richtig waren. Erst die Vergebung Gottes ermöglicht es, den schmalen Grat zwischen skrupelhafter Gesetzlichkeit und skrupelloser Gesetzlosigkeit zu gehen. Weder die Not der Situation, noch die „Qualität" der Tat vermag zu rechtfertigen, sondern allein Gott. Rechtfertigung vor Menschen und Rechtfertigung vor Gott sind allerdings zu unterscheiden. Es wäre falsche Demut, die Unvollkommenheit einer in Verantwortung getroffenen Entscheidung auch Menschen gegenüber besonders zu betonen. Bonhoeffer hat das erkannt: „Wer in Verantwortung Schuld auf sich nimmt – und kein Verantwortlicher kann dem entgehen –, der rechnet sich selbst und keinem anderen diese Schuld zu und steht für sie ein, verantwortet sie. Er tut dies nicht in dem frevelnden Übermut seiner Macht, sondern in der Erkenntnis,

zu dieser Freiheit – genötigt und in ihr auf Gnade angewiesen zu sein. Vor den anderen Menschen rechtfertigt den Mann der freien Verantwortung die Not, vor sich selbst spricht ihn sein Gewissen frei, aber vor Gott hofft er allein auf Gnade"[44]. Die Rechtfertigung vor den anderen Menschen, vor dem eigenen Gewissen und vor Gott sind verschiedene Dimensionen christlicher Ethik (vgl. 1. Kor 4, 3–5)! Was vor den Menschen „gut" ist, ist noch lange nicht vor Gott „gut". Es handelt sich dabei aber nicht um ein Gespaltensein in verschiedene Bereiche der Verantwortlichkeit, sondern um die Polyphonie christlicher Existenz, von der Bonhoeffer so häufig spricht[45]. Gerade in dieser Polyphonie bleibt die christliche Existenz eine Einheit!

Die wesentliche Bedeutung der Vergebung für die Einheit der Wirklichkeit sei noch einmal ausdrücklich hervorgehoben. Bonhoeffer bezieht sich auf die Beichte als Konkretion der Vergebung und „die Wiederherstellung der Gemeinschaft mit Gott und vor den anderen Menschen"[46]. Er meint die persönliche Einzelbeichte zwischen zwei Christen, die er auch selbst geübt hat[47]. Wer in Verantwortung Schuld auf sich nimmt, kann die Freiheit seines Gewissens nur bewahren, wenn er seine Schuld vor Gott bekennt. Mit diesem Bekenntnis ist er frei zur Tat! Vielleicht klingt es für evangelische Ohren sehr ungewöhnlich – aber es ist eine sehr wichtige Erkenntnis –, daß die „Rechtfertigung allein aus Gnaden" nur dann einen Sitz im Leben gewinnt und reale Bedeutung behält, wenn der Beichte ein gebührender Platz im Leben der Kirche und der Christen eingeräumt wird. Skrupelhaftigkeit und Skrupellosigkeit, Gesetzlichkeit und Libertinismus, in Bonhoeffers Sprache: Hinterweltlertum und Säkularismus, das sind die Extreme, zwischen denen sich sowohl das alltägliche Leben der Christen wie auch die

ethische Diskussion bewegt. Diese Extreme können nicht gegeneinander ausgeglichen werden. Hier gibt es nur den radikal anderen Weg der Vergebung. *Jede ethische Diskussion, die nicht konkret von Schuld und Vergebung spricht, bleibt im Käfig der Werk- und Selbstgerechtigkeit. Wo aber auf die Vergebung vertraut wird, ist der Weg durch alle Konflikte zur verantwortlichen Tat frei!*
Des weiteren wird deutlich, daß die Einheit der Wirklichkeit nicht in der Welt vorgefunden wird, wie diese „an sich" ist. Die Welt ist die gespaltene Welt der Konflikte. Erst durch die Versöhnung Christi wird die Welt zur Einheit. *Die Einheit der Wirklichkeit ist also christologisch vermittelt!* Bonhoeffer kann die Struktur der Wirklichkeit mit personalen Kategorien beschreiben, denn „die Weltwirklichkeit ... finde ich immer schon getragen, angenommen, versöhnt in der Wirklichkeit Gottes vor", während sich umgekehrt die Wirklichkeit Gottes nicht anders erschließt, „als indem sie mich ganz in die Weltwirklichkeit hineinstellt"[48]. Weil durch Christi Versöhnung die Welt zur Einheit fand, ist die Einheit und Ganzheit des Lebenseinsatzes die Antwort des Christen auf die in Christus gegebene Wirklichkeit. „Dieses Leben als Antwort auf das Leben Jesu Christi ... nennen wir ‚Verantwortung'"[49]. Die Wirklichkeit wurde zur Einheit, indem Christus die Schuld der Welt auf sich nahm. *Der Einheit der Wirklichkeit gemäß zu handeln, heißt darum: Schuldübernahme in der Nachfolge Christi!*

VIII Wider die Prinzipien in der Ethik

Bonhoeffer ist also Pazifist geblieben und hat dennoch am gewaltsamen Widerstand teilgenommen! Beides läßt sich nur vereinbaren, wenn man um Schuld und Vergebung weiß und sich in der Ethik nicht von abstrakten Prinzipien leiten läßt, die man höher stellt als das Hören auf Gottes konkretes Gebot und die Erfordernisse der Situation. Freiheit von Prinzipien bedeutet Freiheit vom Gesetz. Ist damit aber nicht der Willkür Tür und Tor geöffnet? Welche Bedeutung hat das Gesetz für die christliche Ethik?

Zunächst ist noch einmal darauf hinzuweisen, daß das Ethische für Bonhoeffer stets ein Grenzereignis ist und daß sich in normalen Situationen und Zeiten das Ethische von selbst versteht, also mit Ordnung und Gesetz konform ist. Jedes Schwärmertum, das sich grundsätzlich gegen Gebot und Ordnung wendet, ist abzulehnen. Bonhoeffer hat gerade in dem Zusammenhang, in dem er sich gegen christliche Prinzipien wendet, Gebot und Ordnung sehr stark betont:

„Ermächtigung zum ethischen Reden kann niemand sich selbst geben, sondern sie wird dem Menschen zuteil... auf Grund einer objektiven Stellung in der Welt. So ist es der Alte und nicht der Junge, der Vater und nicht das Kind, der Herr und nicht der Knecht, der Lehrer und nicht der Schüler, der Richter und nicht der Angeklagte, die Obrigkeit und nicht der Untertan, der Prediger und nicht das Gemeindeglied, denen die Ermächtigung zum ethischen Reden zufällt. Es ist die dem modernen Empfinden so überaus anstößige, aber dem Ethischen wesensgemäß innewohnende *Tendenz von oben nach unten*, die hierin zum Ausdruck kommt. Ohne diese objektive Ordnung von oben nach unten und ohne – dem modernen Menschen so gänzlich verloren gegan-

genen – Mut, oben zu sein, verliert sich die ethische Rede im Allgemeinen, Gegenstandslosen, büßt ihr Wesen ein"[50].
Das Selbstverständliche ist also immer das jeweils Gegebene, die Ordnung, das Gesetz, und „Zeiten, in denen das Ethische zum Thema wurde und werden mußte, müssen Zeiten folgen, in denen sich das Moralische wieder von selbst versteht... Das krampfhafte Festhalten des ethischen Themas in der Gestalt der Moralisierung des Lebens ist die Folge der Furcht vor der Fülle des täglichen Lebens und des Bewußtseins der Lebensuntauglichkeit..."[51].
Erst wenn die Ordnung durchbrochen, die Gemeinschaft zerstört ist, wird das Ethische zum Thema; es wird dann aber auch wirklich zum Thema, und es kann nicht das Ziel sein, einfach zum Althergebrachten, Überlieferten zurückzukehren. Das Überlieferte ist keine göttlich geoffenbarte, heilige Ordnung. Es gibt keine für alle Zeiten gültige Gesellschaftsstruktur, wie die Ordnungstheologie glaubte, die wegen dieses Glaubens so konservativ war. Die Bibel kennt „keine soziologisch an sich heilige Struktur"[52], und darum auch keine Struktur, die den Weg dem Evangelium völlig verbaute. Vielmehr muß mit dem Mittel der Vernunft – für den Christen wiederum in Verantwortung vor Gott – nach einer neuen Ordnung gesucht werden, bis die „(neue) Moral" ihrerseits das Selbstverständliche ist. Dem Gesetz darf also nicht mehr Ehre zuteil werden als ihm zusteht. Es hat die Würde des Faktischen und Vernünftigen, nicht mehr und nicht weniger, keine Würde darüber hinaus!
Für die christliche Ethik gelten neben und über dem „Gesetz des Faktischen" das „Gesetz" der Liebe und das „Gesetz" der Gewaltlosigkeit als Richtlinien politischen Handelns. Liebe, Vergebung und Pazifismus sind für den Christen nicht das Außerordentliche, sondern das Normale. Sie gehören

für ihn zur „Moral" des Selbstverständlichen. Sie haben mehr Würde als das Faktische, denn sie sind Gottes Gebot. Trotzdem kann der Christ in einem Grenzfall zur Gewalt greifen, wie wir es am Beispiel Bonhoeffers gesehen haben.

Es kommt nun alles darauf an, die Durchbrechung des Gesetzes und das Abweichen vom Weg der Gewaltlosigkeit, nicht selbst wieder zum Prinzip zu machen und somit die christliche Freiheit zu mißbrauchen. *Es gibt nur ein größeres Übel als die Gewalt – sagt Bonhoeffer unter Berufung auf Baldwin – nämlich die Gewalt als Prinzip, als Gesetz, als Norm*[53]. *Ebenso ist die Vergebung kein generelles Prinzip, auf das man sich wahllos berufen könnte*[54]. Vergebung wird nur je und je dem einzelnen auf eine konkrete Situation hin zugesprochen. Bonhoeffer ist – gerade im Blick auf seine eigene Teilnahme am gewaltsamen Widerstand – der Überzeugung, daß in den Konflikten geschichtlichen Handelns die Grenze der göttlichen Gesetze von Gewaltlosigkeit und Feindesliebe zwar immer wieder einmal überschritten wird, daß es aber ein entscheidender Unterschied ist, „ob solche Überschreitung der gesetzten Grenze prinzipiell als deren Aufhebung aufgefaßt und damit als Recht eigener Art ausgegeben wird, oder ob man sich dieser Überschreitung als vielleicht unvermeidlicher Schuld bewußt bleibt und sie allein in der alsbaldigen Wiederherstellung und Achtung des Gesetzes und der Grenze gerechtfertigt sieht ... Es *ist* einfach in der Welt so eingerichtet, daß die grundsätzliche Achtung der letzten Gesetze und Rechte des Lebens zugleich der Selbsterhaltung am dienlichsten ist, und daß diese Gesetze sich nur eine ganz kurze, einmalige- im Einzelfall notwendige Überschreitung gefallen lassen, während sie den, der aus der Not ein Prinzip macht und also neben ihnen ein eigenes Gesetz aufrichtet, früher oder später – aber mit unwiderstehlicher Gewalt – erschlagen"[55]. *Nur im Blick auf Jesus Christus hat der verantwortlich Handelnde die Freiheit, Schuld auf sich zu nehmen. Wer sich dagegen auf sein „Recht" beruft, z. B. strukturelle Gewalt durch direkte Gewalt zu beseitigen und hier aus der Not eine Tugend macht, wird als Übertreter des Gesetzes und als Verächter des Evangeliums scheitern.*

So sehr also Pazifismus und Gewaltverzicht für den Christen das Normale sind, können auch diese wiederum nicht zum christlichen Gesetz gemacht werden. Wer in einer Konfliktsituation aus einer verantwortlichen Entscheidung heraus Kriegsdienst verweigert, handelt „christlich", wer ihn leistet, handelt nicht „unchristlich". Es gibt in einer offenen geschichtlichen Situation kein Gesetz, das eine Entscheidung so rechtfertigt, daß aus dieser Entscheidung ein Prinzip gemacht werden könnte. Noch einmal sei Bonhoeffer zitiert, der im Hinblick auf den gewaltsamen Widerstand sagt:

„Die außerordentliche Notwendigkeit appelliert an die Freiheit der Verantwortlichen. Es gibt kein Gesetz, hinter dem der Verantwortliche hier Deckung suchen könnte. Es gibt daher auch kein Gesetz, das den Verantwortlichen angesichts solcher Notwendigkeiten zu dieser oder jener Entscheidung zu zwingen vermöchte. Es gibt vielmehr angesichts dieser Situation nur den völligen Verzicht auf jedes Gesetz, verbunden mit dem Wissen darum, hier im freien Wagnis entscheiden zu müssen, verbunden auch mit dem offenen Eingeständnis, daß hier das Gesetz verletzt, durchbrochen wird, daß hier Not das Gebot bricht, verbunden also mit der gerade in dieser Durchbrechung anerkannten Gültigkeit des Gesetzes, und es gibt dann schließlich in diesem Verzicht auf jedes Gesetz, und so ganz allein, das Ausliefern der eigenen getroffenen Entscheidung und Tat an die göttliche Lenkung der Geschichte. Es bleibt eine theoretisch nie mehr zu entscheidende Frage, ob im geschichtlichen Handeln das Letzte das ewige Gesetz oder die freie Verantwortung gegen alles Gesetz – aber vor Gott ist... Die letzte Frage bleibt offen und muß offen gehalten werden; denn so oder so wird der Mensch schuldig und so oder so kann er allein von der göttlichen Gnade und Vergebung leben"[56].

Mit dem „ewigen Gesetz" meint Bonhoeffer hier nicht das „Gesetz des Faktischen", sondern die göttlichen Gebote des Gewaltverzichts und der Feindesliebe. Trotz seines eigenen Entschlusses zum gewaltsamen Widerstand hat Bonhoeffer also die Frage, ob nicht doch die Gewaltlosigkeit und rein passiver Widerstand das vor Gott und damit auch geschichtlich Letztgültige seien, bewußt unbeantwortet gelassen. Er wollte seine persönliche Entscheidung nicht zum allgemeinen Prinzip erheben. Hier liegt auch die Grenze einer Berufung auf Bonhoeffer. *Nicht der Inhalt seiner Entscheidung, sondern die Motive der Entscheidung sind Vorbild.*

Vielleicht scheint manchem durch diese Ablehnung von Prinzipien in der christlichen Ethik eine Orientierung für das politische Handeln sehr erschwert. In der Tat werden keine Rezepte vermittelt; aber es wird ein Weg gewiesen, der Weg der Nachfolge Jesu, der Stellvertretung und der Vergebung. Damit sind eine Reihe wesentlicher Kriterien für eine „politische Theologie" aufgezeigt. Sie sollen im folgenden noch einmal zusammengefaßt werden.

IX Zusammenfassung: Thesen zur „politischen Theologie"

1. Gibt es ein Gesetz für die christliche Ethik, dann ist es das „Gesetz" der Liebe. Gibt es ein Gesetz für das politische Handeln der Christen, dann ist es das „Gesetz" der Gewaltlosigkeit. Da auf *jede* Form von Gewalt verzichtet wird, muß sich Gewaltlosigkeit mit Vergebungs- und Leidensbereitschaft verbinden. *Pazifismus* ist darum die selbstverständliche Haltung des Christen.

2. Das Problem Gewalt – Gewaltlosigkeit wird komplizierter, sobald die Christen *Strukturen* nicht nur erleiden, sondern *mitgestalten und mitverantworten*. Sofern Christen in einer Gesellschaft leben, die strukturelle Gewalt ausübt – etwa gegenüber Völkern der Dritten Welt – haben Christen an dieser Gewalt teil. Einzelnen Christen steht des weiteren potentielle Gewalt zur Verfügung, etwa aufgrund einer gehobenen sozialen Stellung, die ihnen Macht verleiht. Der Kirche steht potentielle Gewalt zur Verfügung, sofern ihr der Staat in einer pluralistischen Gesellschaft ein Mitspracherecht einräumt. Diese Gewalt muß verantwortet werden. Darin unterscheidet sich unsere Situation von derjenigen der frühen Christenheit, die Strukturen nur erleiden konnte, oder zum Mittel der gewaltsamen Revolution hätte greifen müssen, aber bewußt auf letzteres verzichtet hat.

3. Es gibt *Konfliktsituationen*, in denen bereitwillige Anpassung Unrechtsstrukturen stärkt und damit Gewalt fördert. Widerstand gegen diese Unrechtsstrukturen aber ruft Gegengewalt hervor, führt mithin ebenso zur Gewaltanwendung. In solchen Konfliktfällen ist es möglich, aus Verantwortung für andere („Stellvertretung") und im Bewußtsein, Schuld auf sich zu laden („Schuldübernahme"), gewaltsamen Wider-

stand zu leisten. Dabei muß das Ziel sein, möglichst rasch zur Gewaltlosigkeit zurückzukehren. Gewalt darf kein Prinzip werden.

4. Der *Weg rein passiven Widerstandes* muß ausdrücklich hervorgehoben werden. Seine Möglichkeiten werden meist unterschätzt, weil passiver Widerstand in erhöhtem Maße Leidensbereitschaft erfordert. Da die Not der Situation die Gewaltanwendung wohl vor Menschen, nicht aber vor Gott rechtfertigen kann, muß die Frage, ob strikte Gewaltlosigkeit im geschichtlichen Handeln nicht doch das Letztgültige sei, bewußt offengelassen werden. Andererseits kann sich niemand allein damit rechtfertigen, daß er auf Gewalt verzichtet. Es kommt darauf an, mit der Frage nach Gottes Willen sich wirklich der Situation auszusetzen.

5. In Situationen, in denen das Ethische nicht fraglich ist, hat die Kirche keinen Auftrag zum politischen Reden. *Zwischen politischen Stellungnahmen und Evangeliumsverkündigung muß unterschieden werden.* Beides wird heute oft in schwärmerischer Weise verwechselt oder gar vertauscht. Das Evangelium ruft zur Freiheit. Es hat deshalb politische Wirkung. Zum Beispiel wird im staatlichen Bereich immer ein gewisses Maß an Gewalt – etwa bei Bekämpfung von Verbrechen – notwendig sein, im kirchlichen Bereich aber nicht. So hat die Kirche einen größeren Spielraum an Freiheit als der Staat. Ihre Aufgabe gegenüber dem Staat besteht darin, auf diese Freiheit hinzuweisen, entkrampfend und entideologisierend zu wirken, damit auch im Staat der Freiheit viel Raum gegeben und, wo immer möglich, auf Gewalt verzichtet werde. Dennoch darf das Evangelium nicht mit einem bestimmten politischen Programm verwechselt werden, denn dann wird es gesetzlich mißverstanden.

6. In Situationen, in denen das Ethische allgemein aner-

kannt ist, hat die Kirche keinen Auftrag zum direkten politischen Handeln[57]. *Zwischen Politik und Diakonie muß unterschieden werden*[58]. Die Kirche hat zwar die Aufgabe, das Friedensreich Gottes durch helfende Tat vorzubereiten, nicht nur dem einzelnen, sondern auch der Gesamtgesellschaft Hilfe zu leisten und so indirekt politisch zu handeln („gesellschaftliche Diakonie"), aber kommen wird das Friedensreich unabhängig von menschlichen Bedingungen (Mark 4, 28); so wie Johannes, der Täufer, Jesus Christus den Weg bereitete, das Kommen Jesu Christi aber nicht durch das Wirken des Täufers bedingt war. Es war der Fehler des Mittelalters, die Aufgaben von Staat und Kirche zu vermengen. Ebenso ist es der Fehler des Kommunismus, das zukünftige Friedensreich politisch-gesetzlich verwirklichen zu wollen. Wo immer dies geschieht, scheitert die Friedensidee am Gewaltproblem.

7. In Konfliktsituationen *kann die Kirche auf die Möglichkeit gewaltsamen Widerstandes gegen Unrecht hinweisen.* Dabei ist jedoch zu beachten, daß offizielle Äußerungen der Kirche zu politischen Fragen als Stellungnahmen einer öffentlich-rechtlichen Institution programmatischen Charakter und damit ein Gefälle zur Gesetzlichkeit haben. Die Kirche kann deshalb niemals – auch nicht in einem Einzelfall – Gewaltanwendung „gut" heißen, denn sonst würde ein Prinzip statuiert, das es in der christlichen Ethik nicht gibt. Den einzelnen Christen rechtfertigt vor den Menschen die Not, die Kirche aber muß in einer programmatischen Stellungnahme auf jeden Fall ausdrücklich von Schuld und Vergebung reden, damit Ursprung und Ziel ihres Redens deutlich werden und Nachfolge nicht in ein ethisches Programm verkehrt wird.

8. In Konfliktsituationen, in denen das warnende Wort nicht nicht mehr genügt, *kann die Kirche direkt in die Politik ein-*

greifen, um „nicht nur die Opfer unter dem Rad zu verbinden, sondern dem Rad selbst in die Speichen zu fallen"[59]. Dies geschieht aufgrund der Not als bewußte Grenzüberschreitung. Die Absicht ist nicht, den Staat zu bevormunden, sondern ihn zu seiner Aufgabe als Staat zurückzurufen. Gerade damit respektiert die Kirche den Staat als Staat. Solche Überschreitung der Grenze zwischen Kirche und Staat darf niemals als deren prinzipielle Aufhebung verstanden werden. Die alsbaldige Wiederherstellung der Grenze muß das Ziel sein[60]. Der Entschluß zum unmittelbar politischen Handeln kann von der Kirche nur in einer aktuellen Entscheidung angesichts einer konkreten Notlage getroffen werden, niemals kann die Notwendigkeit zu einem solchen Schritt vorher kasuistisch konstruiert werden[61].

Friede durch Gewalt? Im Sinne eines Programmes oder einer Ideologie: niemals! Christen sind keine Revolutionäre – wie Jesus kein Revolutionär war. Aber ihr Verkündigen und Handeln hat revolutionäre Wirkung – wie das Verkündigen und Handeln Jesu. Dietrich Bonhoeffer hat einmal gesagt, daß auch für unsere Kirche wieder Zeiten kommen werden, in denen Märtyrerblut gefordert wird. „Aber dieses Blut, wenn wir denn wirklich noch den Mut und die Treue haben, es zu vergießen, wird nicht so unschuldig und leuchtend sein wie jenes der ersten Zeugen"[62]. In den weltweiten Konflikten unserer Zeit ist eine ethische Orientierung nicht so einfach möglich, daß man sagen könnte: hier gut – dort böse, hier Licht – dort Finsternis. Christen sind zum Wagnis geschichtlichen Handelns, zur Stellvertretung aufgefordert. Sie werden dabei in gewaltsame Auseinandersetzungen hineingezogen werden und sich nicht von Schuld frei halten können. Wenn sie schweigen und gar nicht handeln, werden sie erst recht schuldig und als „faule Knechte" (Matth 25, 26) und „kraftloses Salz" (Matth 5, 13) unbrauchbar. Weil Christen aber von der Vergebung leben, öffnen sich ihnen ethische Alternativen in Konflikten, in denen Vernunft, Gewissenhaftigkeit, Fanatismus und Libertinismus ebenso versagen wie treue Pflichterfüllung und private Tugendhaftigkeit. Unsere Zeit braucht Christen, die in persönlicher Nachfolge Jesu und im Wissen, auf Vergebung angewiesen zu sein, zu diesem politischen Engagement bereit sind.

1 *Martin Hengel,* Gewalt und Gewaltlosigkeit. Zur „politischen Theologie" in neutestamentlicher Zeit, Calwer Hefte 118, Stuttgart 1971, S. 40.
2 *Ders.,* War Jesus Revolutionär? Calwer Hefte 110, Stuttgart 1973[4], S. 40.
3 aaO S. 23.
4 Für den „Gewaltfrieden" in der Antike: den „politischen Friedensgedanken der Griechen" und das politsche Programm der „Pax Romana" vgl.
Hans Schmidt, Frieden, Themen der Theologie, Bd. 3, Stuttgart 1969.
5 *F. Lüpsen* (Hg), Evanston Dokumente, Witten 1954, S. 50 f.
6 *W. A. Visser't Hooft* (Hg), Neu-Delhi 1961, Stuttgart 1962, S. 209 f.
7 *Hanfrid Krüger* (Hg), Appell an die Kirchen der Welt. Weltkonferenz für Kirche und Gesellschaft Genf 1966, Stuttgart 1967, S. 171.
8 *N. Goodall* (Hg), Bericht aus Uppsala 1968, Genf 1968, S. 70.
9 aaO S. 97.
10 aaO S. 70; vergleiche zu dieser Darstellung die „Ausarbeitung der Rassen-Kommission des SWI für das Gespräch zwischen dem Rat der EKD und Vertretern des ÖRK am 1. Dezember 1970 in München", Materialdienst des Sozialwissenschaftlichen Instituts der Evangelischen Kirchen in Deutschland, Nr. 1, Bochum 1971.
11 vgl. im folgenden zur Biographie Dietrich Bonhoeffers:
Eberhard Bethge, Dietrich Bonhoeffer. Theologe, Christ, Zeitgenosse. Eine Biographie, München 1967.
zur Theologie Dietrich Bonhoeffers:
Rainer Mayer, Christuswirklichkeit. Grundlagen, Entwicklung und Konsequenzen der Theologie Dietrich Bonhoeffers, Stuttgart 1969.
12 *Dietrich Bonhoeffer,* Gesammelte Schriften, Bd. III, Theologie. Gemeinde (Hg E. Bethge), München 1960, S. 54 (im folgenden abgekürzt GS III).
13 aaO S. 56, Anm. 1.
14 E. Bethge, Biographie, S. 249.
15 *Dietrich Bonhoeffer,* Gesammelte Schriften, Bd. I, Ökumene (Hg E. Bethge), München 1958[2], S. 40 (im folgenden abgekürzt GS I).

16 vgl. E. Bethge, Biographie, S. 249.
17 *Dietrich Bonhoeffer,* Nachfolge, München 1964[8], S. 29 (im folgenden abgekürzt N).
18 *Dietrich Bonhoeffer,* Widerstand und Ergebung. Briefe und Aufzeichnungen aus der Haft (Hg E. Bethge), München 1964[12], S. 24 (im folgenden abgekürzt WE).
19 WE 248 f.
20 GS I 477.
21 *Dietrich Bonhoeffer,* Ethik (Hg E. Bethge), München 1963[6], S. 239 (im folgenden abgekürzt E).
22 E 317.
23 E 240.
24 E 255.
25 E 255 f.
26 E. Bethge, Biographie, S. 892.
27 WE 92, Brief vom 18. 11. 43.
28 E 282.
29 E 282 f.
30 E 390.
31 WE 249.
32 E 200.
33 E 202.
34 vgl. E 260.
35 vgl. E 39; WE 141.
36 E 40.
37 E 44.
38 E 42.
39 E 19 ff.
40 WE 22; vgl. E 254.
41 WE 10.
42 WE 13.
43 WE 250.
44 E 263.
45 vgl. WE 172; 195; 210.
46 E 26.
47 Die Einzelbeichte darf nicht einfach mit dem katholischen Sakrament der Ohrenbeichte gleichgesetzt werden. Die evangelische Tradition der Einzelbeichte zeigt das 5. Hauptstück des Lutherischen Katechismus „Vom Amt der Schlüssel und von der Beichte", das im ersten Teil allein von der Einzelbeichte spricht. vgl. R. Mayer, Christuswirklichkeit, S. 147–153.

48 E 208; Wirklichkeit Gottes und Wirklichkeit Christi sind für Bonhoeffer austauschbare Begriffe.
49 E 236.
50 E 287 f.
51 E 284.
52 *Dietrich Bonhoeffer,* Sanctorum Communio. Eine dogmatische Untersuchung zur Soziologie der Kirche, München 1960³, S. 206.
53 E 254.
54 Bonhoeffer hat besonders deutlich in der „Nachfolge" vor dem Mißverständnis der Rechtfertigungslehre im Sinne der "billigen Gnade" gewarnt; vgl. N 19; 20 f; 23; 26.
55 WE 21 f.
56 E 254 f.
57 vgl. E 378.
58 vgl. E 146 f.
59 *Dietrich Bonhoeffer,* Gesammelte Schriften, Bd. II, Kirchenkampf und Finkenwalde (Hg E. Bethge), München 1959, S. 48 (im folgenden abgekürzt GS II).
60 vgl. WE 21 f.
61 vgl. GS II 49.
62 *Dietrich Bonhoeffer,* Gesammelte Schriften, Bd. IV, Auslegungen, Predigten (Hg E. Bethge), München 1965², S. 71.

Vom Verfasser dieses Heftes erschien auch:

Christuswirklichkeit

Grundlagen, Entwicklung und Konsequenzen der Theologie Dietrich Bonhoeffers

348 Seiten, Leinen DM 18,–, Calwer Verlag Stuttgart